نویسنده: سید علی شجاعی
تصویرگر: الهه طاهریان

Es ist lange her, da ereignete sich in einem fernen Dorf einmal
eine eigenartige Geschichte …

Zwei Tage lang hatte es in dicken Flocken geschneit, und das ganze
Dorf lag unter einer weißen Decke. Die Krähen wachten gerade
erst auf, als sich die Dorfkinder bereits auf dem großen Platz
versammelten. Ein ganzes Jahr hatten sie auf den hohen Schnee
gewartet, jetzt wollten sie den größten Schneemann bauen.
Ihre Freude war groß!

یکی بود، یکی نبود... سال ها پیش، در روستایی دور اتفاق عجیبی افتاد: دو روز تمام دانه‌های درشت برف یکریز
باریده بود و روستا زیر لحاف سفیدی فرو رفته بود. هنوز چند کلاغ که تازه از خواب بلند شده بودند، قار قارشان را نکرده
بودند؛ که همهٔ بچه‌های روستا در بزرگترین میدان، برای ساختن آدم برفی دور هم جمع شدند. یک سال منتظر بودند تا
سنگین‌ترین برف زمستان بیاید و بزرگترین آدم برفی‌شان را درست کنند. خوشحالی در چشم تک تک بچه‌ها موج می‌زد.

Seyyed Ali Shodjaie (Text)
Elahe Taherian (Illustration)

# DER GROSSE SCHNEEMANN

Ein Bilderbuch aus dem Iran

Übersetzung aus dem Persischen
von Nazli Hodaie

BAOBAB BOOKS

Sogleich machten sie sich ans Werk. Sie begannen mit dem Bauch. Die Jungen sammelten mit Eimern den Schnee, die Mädchen stampften ihn fest. Es ging nicht lange, und der Schneeball war so groß wie sie selbst. Ein Mädchen fand: »Das reicht. Der Bauch ist schon so groß wie wir.« Ein anderes Mädchen meinte: »Ja, aber das ist ja erst der Bauch, der Kopf fehlt noch!«

Ein Junge leerte seinen Eimer neben den Schneemann und widersprach: »Nein, der Bauch ist noch zu klein. Wir wollten doch den größten Schneemann bauen. Ich hole einen Hocker, damit ihr draufsteigen könnt. Der Schneemann muss noch viel größer werden.«

Und so machten sich die Kinder wieder an die Arbeit.

بچه‌ها بی هیچ معطّلی دست به‌کار شدند. برای درست کردن آدم برفی باید اول بدنش را می‌ساختند. پسرها سطل سطل، برف جمع کردند و دخترها برف‌ها را روی هم کوبیدند تا سفتِ سفت شوند. یک ساعتی کار کردند تا هم‌قد خودشان یک گلوله محکم برفی درست کردند. یکی از دخترها گفت: - دیگه بسه. قد خودمون بزرگ شد...

دختر دیگری گفت: - تازه این پدنشه، سرش هنوز مونده. یکی از پسرها سطلش را کنار گلولهٔ برفی بزرگ خالی کرد و
گفت: - نه، هنوز کوچیکه. مثلا قراره بزرگترین آدم برفی‌مون رو بسازیم. من الان یه چارپایه می‌آرم، برید روش. باید ازین
خیلی بزرگتر بشه. همین شد که بچه‌ها دوباره دست به‌کار شدند.

Es war noch nicht Mittag, als die Kinder eine Schneekugel gebaut hatten, die doppelt so groß war wie sie selbst. Der Junge, der den Hocker gebracht hatte, meinte: »So ist es gut. Nun holen die Mädchen Schnee und die Jungen klettern hoch, um den Kopf zu bauen.«
Die Kinder arbeiteten schweigend weiter. Sie froren an den Händen und Füßen, sie waren hungrig und durstig, aber sie wollten den Schneemann fertig bauen, bevor sie nach Hause gingen. Es wurde immer kälter und schneite immer stärker. Doch dann war auch der Kopf des Schneemanns fertig.

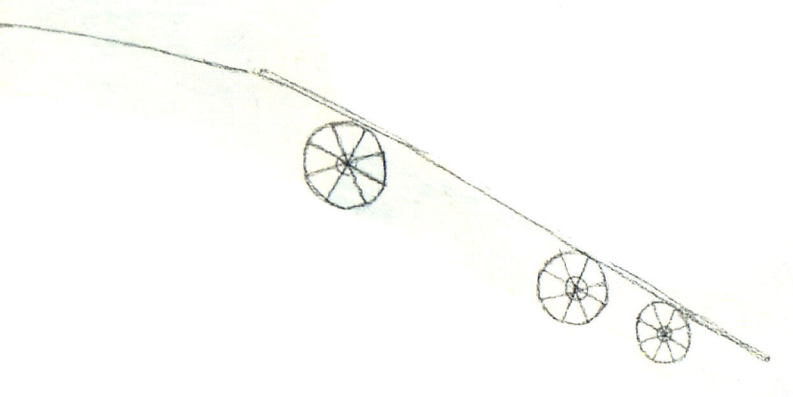

ظهر نشده، بچه‌ها یک گلولهٔ برفی دو برابر قد خودشان ساختند. همان پسری که چهارپایه آورده بود، گفت: – حالا شد. ازین به بعد شما دخترها برف بیارید ما می‌ریم بالا، سرش رو درست می‌کنیم. بچه‌ها در سکوت مشغول شدند. دست و پاهایشان یخ کرده بود، خسته و گرسنه شده بودند، اما می‌خواستند تا آدم برفی‌شان تمام نشده به خانه بر نگردند. هوا کم‌کم سردتر و گرفته‌تر می‌شد و برف سنگین‌تر، که سر آدم برفی هم تمام شد.

Alle Kinder liefen eilig nach Hause, kamen aber bald
wieder zurück. Sie hatten ihre besten Sachen für den
Schneemann mitgebracht: einen neuen Schal, den
schönen Hut des Dorfvorstehers, Schmuck, den alten
Stock des Großvaters …
Der Schneemann bekam Augen aus zwei
Perlen, eine Kette bildete die Nase.
Dann banden die Kinder ihm den neuen
Schal um, setzten ihm den Hut des
Dorfvorstehers auf und gaben ihm zum
Schluss den Stock des Großvaters in die Hand.
»Hurra, hurra, hurra!« Die Kinder sprangen vor Freude
auf und ab und waren ganz aus dem Häuschen. Sie
holten ihre Eltern und präsentierten ihnen das Ergebnis
ihrer Arbeit: Der größte Schneemann war fertig!

بچه‌ها به سمت خانه‌هایشان دویدند و چند دقیقه‌ای نگذشته بود که هر کدام با چیزی برگشتند. بچه‌ها بهترین
چیزهایشان را برای آدم برفی آوردند. شال گردن نو، کلاه زیبای کدخدا، مروارید، عصای قدیمی پدربزرگ... همه چیز
برای تکمیل آدم برفی آماده بود. دو مروارید گذاشتند به‌جای چشم‌ها، یک گردنبند برای بینی، شال گردن نو را دور

گردنش پیچیدند، کلاه کدخدا را روی سرش گذاشتند، و عصای پدربزرگ را دستش دادند. - هورا ... هورا ... هورا ...
بچه‌ها بالا و پایین پریدند. از خوشحالی نمی‌دانستند چه‌کار کنند. رفتند و پدر مادرهایشان را آوردند تا نتیجهٔ زحمت یک
روزهشان را نشان دهند. آدم برفی تمام شده بود.

اما بعد چه اتفاقی که نیفتاد: فردا صبح، هنوز خورشید خودش را کامل از پشت کوه‌ها بیرون نکشیده بود که مردم روستا با داد و فریاد آدم‌برفی از خواب پریدند. ـ کی به این کلاغ‌ها اجازه داده وقتی من خوابم قار قار کنند؟ آهای! برید گمشید. برید پشت کوه‌ها قار قار کنید. برید... مردم از خانه‌هایشان بیرون آمدند تا ببینند چه خبر شده؛ که آدم برفی فریاد زد: ـ آهای با شمام! من گرسنه‌ام. برام غذا بیاورید. عجله کنید. چرا وایستادید. ـ با توام بچه! نیا نزدیکتر، دوست ندارم دور و

Doch was geschah danach! Am nächsten Morgen, noch bevor es richtig
hell war, wurden die Dorfbewohner von lautem Gebrüll aus dem Schlaf
gerissen. Es war der Schneemann: »Wer hat euch Krähen erlaubt zu
krähen, wenn ich noch schlafe? Weg mit euch! Haut ab! Kräht hinter
den Bergen!«
Die Leute kamen aus ihren Häusern, um zu sehen, was los war. Da
schrie der Schneemann: »Ihr da, ich habe Hunger. Bringt mir zu essen!
Schnell, was wartet ihr denn? Du Bengel, komm mir ja nicht zu nahe.
Ich mag es nicht, wenn Leute um mich herum stehen. Und du da, hol
mir Eis! Mir ist warm. Du da, fächle mir Luft zu!«
Die Menschen im Dorf befolgten die Befehle. Sie dachten gar nicht
daran, dass Schneemänner eigentlich nicht befehlen können und dass
man sich nicht herumkommandieren lassen sollte.
Einer hatte etwas zu essen gebracht, ein anderer Eiswürfel. Jemand
baute ihm einen Baldachin, ein Weiterer fächelte ihm Luft zu.
Einer machte um ihn herum sauber, ein Weiterer …

برم شلوغ بشه!؟ – آهای آقا! من گرممه، برام یخ بیار. – هی خانم تو! بیا من رو باد بزن...
و مردم بدون آن که فکر کنند آدم‌برفی‌ها نمی‌توانند دستور بدهند و اصلاً نباید به حرفشان گوش کرد، با عجله مشغول
اجرای دستورات آدم‌برفی شدند. یکی غذا آورد، یکی یخ، یکی برای آدم برفی سایه‌بان درست کرد، یکی مشغول باد زدن
شد، یکی اطراف آدم برفی را تمیز کرد، یکی، ...

So ging es mehrere Tage. Der Schneemann befahl, und die Dorfbewohner gehorchten. Seine Befehle wurden jeden Tag zahlreicher und
merkwürdiger:

»Zwei Leute müssen mir von morgens bis abends Luft zufächeln, damit
mir nicht warm wird.« Oder: »Die ganze Nacht müsst ihr wachen, damit mir keine Hunde nahe kommen.« Und dann: »In den umliegenden
Dörfern dürfen keine größeren Schneemänner als ich gebaut werden.«

»Alle müssen mich ehren.«

»Alle müssen mir gehorchen.«

»Krähen dürfen morgens nicht krähen.«

»Wölfe dürfen nachts nicht heulen.«

»Ihr müsst mir jeden Tag zehn Eimer Eiswürfel bringen.«

چند روزی همین‌طور گذشت. آدم برفی فقط دستور می‌داد و مردم روستا فقط اجرا می‌کردند. دستورات آدم
برفی هر روز عجیب‌تر و زیادتر می‌شد: - صبح تا شب باید دو نفر باد مرا بزنند تا گرمم نشود.
- شب تا صبح باید مواظب باشید که سگ‌ها به من نزدیک نشوند.

- در روستاهای اطراف نباید آدم برفی بزرگتر از من ساخته شود. - همه باید فقط حرف مرا گوش بدهند.
- همه باید مرا خیلی دوست داشته باشند. - کلاغ‌ها نباید صبح‌ها قارقار کنند. - گرگ‌ها نباید شب‌ها زوزه بکشند.
- باید هر روز ده سطل یخ برای من بیاورید. و...

So ging es mehrere Wochen. Der Winter näherte sich dem Ende, die Sonne wurde kräftiger und weckte die Bäume mit einem sanften Streicheln. Als die erste dunkle Winterwolke abgezogen war und die Sonne hindurchblickte, erschrak sie aber: »Nanu, was ist denn hier los? Es wird bald Frühling, und hier steht noch immer ein großer Schneemann mitten auf dem Platz.«

Die Sonne befreite sich mit Mühe von den Winterwolken und rief den Dorfbewohnern zu: »Wo seid ihr? Der Frühling ist bald da, in einigen Tagen ist Neujahr.* Alle Bäume in der Umgebung treiben schon aus. Nur bei euch steht noch ein Schneemann mitten auf dem Dorfplatz!«

* Das iranische Neujahrsfest entspricht der kalendarischen Jahreszeitenwende vom Winter auf den Frühling am 20. oder 21. März.

هفته‌ها گذشت و زمستان کم‌کم می‌رفت که بقچه‌اش را جمع کند و راهی سفر شود. خورشید هم جان گرفته بود و از لابه‌لای ابرها، درخت‌ها را نوازش می‌کرد تا از خواب بیدارشان کند. اولین ابر سیاه زمستانی که کنار رفت و یک چشم خورشید که بیرون آمد ... ‏ـ نه! ... اینجا چه خبره!؟... خورشید با تعجب فریاد زد: ‏ـ داره بهار می‌شه، اونوقت این آدم

برفی به این بزرگی هنوز وسط میدان وایستاده... خورشید به سختی خودش را از پشت ابرها بیرون کشید و مردم روستا را صدا زد. ‑ آهای کجایید؟! داره بهار می‌آد. چند روز دیگه نوروزه. همهٔ درخت‌های اطراف جوونه زدن، اونوقت شما هنوز وسط میدونتون آدم برفی دارین؟!

مردم در میدان جمع شدند. آدم برفی چند قالب یخ خورد و داد زد: - چرا شلوغ می‌کنی؟ اصلاً به تو چه ربطی داره که
اینجا چه خبره؟ اینا فقط به حرف من گوش می‌کنن و دلشون می‌خواد همیشه زمستون باشه. خورشید خندید:
- چه شوخی با مزه‌ای، چه بازی قشنگی... آدم برفی عصبانی نعره زد: - شوخی کدومه؟ بازی کجا بود؟ همینه که هست،

Die Leute versammelten sich auf dem Platz. Der Schneemann aß ein paar
Eiswürfel und schrie die Sonne an: »Was machst du für einen Lärm?
Was geht dich an, was hier los ist? Die Menschen hören nur auf mich und
möchten, dass immer Winter ist.«
Die Sonne lachte: »Was für ein lustiger Witz! Was machst du für ein Spiel?«
Der Schneemann brüllte ärgerlich: »Witz? Spiel? Das ist die Wahrheit.
Wenn du es mir nicht glaubst, frage sie selbst.«
Die Sonne, die immer noch lachte, blickte die Dorfbewohner an.
»So ist es, der Schneemann ist hier der Herrscher«, sagten sie.
Die Sonne wunderte sich: »Wollt ihr mich denn gar nicht sehen?« – »Nein.«
»Wollt ihr nicht, dass der Frühling kommt?« – »Nein.«
»Freut ihr euch nicht auf die Wärme des Sommers?« – »Nein.«

باورت نمیشه از خودشون بپرس. خورشید همچنان با خنده به مردم نگاه کرد. - بله. آدم برفی حاکم اینجاست.
خورشید متعجب به مردم نگاه کرد: - شما اصلاً من رو می‌بینید؟ - نه... - شما نمی‌خوایید بهار بیاد؟ - نه...
- شما گرمای تابستان رو دوست ندارید؟ - نه...

Die Sonne wunderte sich immer mehr und war langsam auch verär-
gert: »Das heißt, ihr möchtet euer ganzes Leben im Winter verbringen?
Im Schnee und in der Kälte? Ihr wollt keinen Frühling, kein Grün
und keine Frische? Alles Leben erneuert sich, ihr aber zieht es kalt und
winterlich vor?« Die Leute sahen sie nur schweigend an.
Da verschwand die Sonne hinter den Wolken. »Wenn ihr den Frühling
nicht wollt, kann ich nichts machen«, sagte sie und verließ enttäuscht
das Dorf.

خورشید متعجب و ناراحت و عصبانی، با حرارت بیشتری گفت: - یعنی شما می‌خواهید برای همیشه با زمستون زندگی
کنید؟ برف و سرما؟ بهار و سبزی و طراوت رو نمی‌خواید؟ همه‌جا داره دوباره متولد می‌شه، اونوقت شما می‌خواید
همون‌طور سرمازده و زمستونی بمونید؟ مردم در سکوت فقط به خورشید نگاه کردند. خورشید درحالی که آرام و غمگین
پشت ابرها پنهان می‌شد، گفت: - وقتی خودتون نمی‌خواید، کاری از من ساخته نیست! و قهر کرد و رفت.

Daraufhin befahl der Schneemann den Dorfbewohnern, die Bäume zu fällen, damit sie nicht mehr austreiben konnten. Auch das Gras musste ausgerissen und die Schwalben mussten verscheucht werden.
Die Menschen im Dorf machten alles, damit der Frühling an keinem einzigen Tag das Dorf hätte besuchen können. Im Land ging währenddessen der Frühling vorüber, ein Sommer, ein Herbst und ein weiterer Winter …

مردم به دستور آدم برفی، درخت‌ها را بریدند تا جوانه نزنند، سبزه‌ها را کندند، پرستوها را فراری دادند. همه کار کردند تا بهار نتواند حتی یک روز هم مهمان روستا شود.
بهار آمد و رفت، تابستان هم، پاییز هم، و زمستانی دیگر...

تا اینکه خورشید دلش برای مردم سوخت، ابرها را کنار زد، گرمایش را نثار مردم کرد و به عمر سرد آدم برفی برای همیشه پایان داد.

… bis sich die Sonne an die Dorfbewohner erinnerte. Sie konnte nicht länger zusehen, schob die Wolken beiseite und schenkte den Menschen ihre Wärme. So setzte sie ein für alle Mal dem Schneemann und dem kalten Leben der Menschen im Dorf ein Ende.

Nun liegen diese Tage zum Glück weit zurück. Wenn es im Winter schneit, bauen die Kinder Schneemänner und lassen sie im Frühling wieder schmelzen.

تا اینکه خورشید دلش برای مردم سوخت، ابرها را کنار زد، گرمایش را نثار مردم کرد و به عمر سرد آدم برفی برای همیشه پایان داد. از آن روزها، سال‌ها می‌گذرد. حالا بچه‌ها، زمستان که می‌شود، آدم برفی‌هاشان را می‌سازند و آدم برفی‌ها، بهار که می‌شود، همه آب می‌شوند …

و چقدر خوب که این قصه برای ما دیگر تکرار نمی‌شود.

Wie gut, dass sich eine solche Geschichte nicht mehr wiederholen wird!

## Das Buch atmet

Zweifelsohne kann einem Autor nichts Besseres passieren, als dass sein Buch von vielen Menschen gelesen wird. Als Schriftsteller versteckt man in den Wörtern, Sätzen und Beschreibungen seine eigenen Gedanken, und jede Leserin und jeder Leser hat dann die Möglichkeit, die Geschichte auf eigene Art und Weise zu verstehen. Ein Buch ist lebendig, solange es gelesen wird; so viele Leser, wie ein Buch hat, so oft wird eine Geschichte neu erzählt. Es ist, als ob das Buch durch die Leserinnen und Leser atmen würde.

Durch die Veröffentlichung in deutscher Sprache wird meinem Buch der Weg zu neuen Lesarten auf freundliche Weise ermöglicht. So kann diese Geschichte nun nicht nur in einer anderen Sprache, sondern auch aus einer neuen Sicht gelesen und verstanden werden.

Dafür bedanke ich mich bei Baobab Books. Ich fühle mich sehr geehrt, dass ich durch dieses Buch die Möglichkeit habe, meine deutsch-sprachigen Freundinnen und Freunde kennenzulernen.

Die Geschichte vom Schneemann, der nicht schmelzen wollte, ist über alle Ländergrenzen hinweg mein Gruß an jeden Einzelnen von Euch. Ich wünsche mir, dass kein Kind auf dieser Welt in seinem Leben einem Schneemann begegnet, der Kälte verbreitet und nicht schmelzen will.

Seyyed Ali Shodjaie
Teheran, im August 2012

Baobab heißt der Affenbrotbaum, in dessen Schatten
sich die Menschen Geschichten erzählen. Baobab
heißt auch die Buchreihe, in der Bilderbücher, Kinder-
geschichten und Jugendromane aus Asien, Afrika,
Lateinamerika und dem Nahen Osten in deutscher
Übersetzung erscheinen. Herausgegeben wird sie
von Baobab Books, der Fachstelle zur Förderung kultu-
reller Vielfalt in der Kinder- und Jugendliteratur.
Informationen zu unserem Gesamtprogramm und unse-
ren Projekten finden Sie unter **www.baobabbooks.ch**

Baobab Books dankt terre des hommes schweiz und der
Erklärung von Bern für die finanzielle Unterstützung.

Die Übersetzung aus dem Persischen wurde mit Mitteln
der Schweizer Kulturstiftung Pro Helvetia unterstützt
durch litprom – Gesellschaft zur Förderung der Literatur
aus Afrika, Asien und Lateinamerika e. V.

Zu diesem Buch sind Materialien für den
Schulunterricht erhältlich. Kostenloser
PDF-Download unter www.baobabbooks.ch

**Der große Schneemann**

Copyright der deutschsprachigen Ausgabe
© 2013 Baobab Books, Basel, Switzerland
Alle Rechte vorbehalten
2. Auflage 2016

Illustration: Elahe Taherian
Übersetzung aus dem Persischen: Nazli Hodaie
Lektorat: Sonja Matheson
Satz: Bernet & Schönenberger, Zürich
Herstellung: Lachenmaier Buch.kreativ, Reutlingen
ISBN 978-3-905804-47-8

Der Titel der Originalausgabe lautet:
What if the Snowman Won't Melt?
© 2010 Neyestan Publishing House, Iran

Die Deutsche Bibliothek verzeichnet
diese Publikation in der Deutschen
Nationalbibliografie, detaillierte
bibliografische Daten sind im Internet
abrufbar unter http://dnd.d-nb.de.

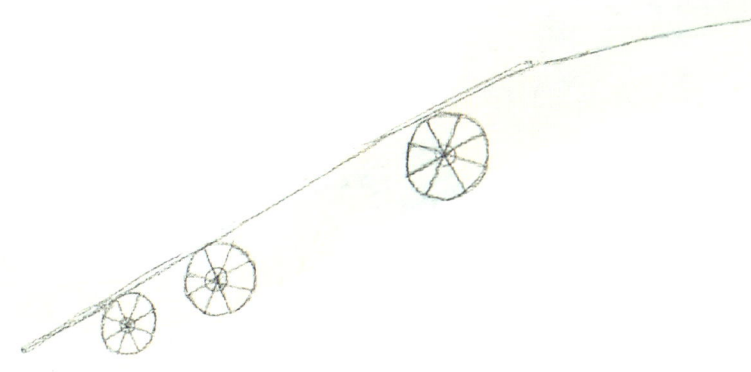